NOMMONS

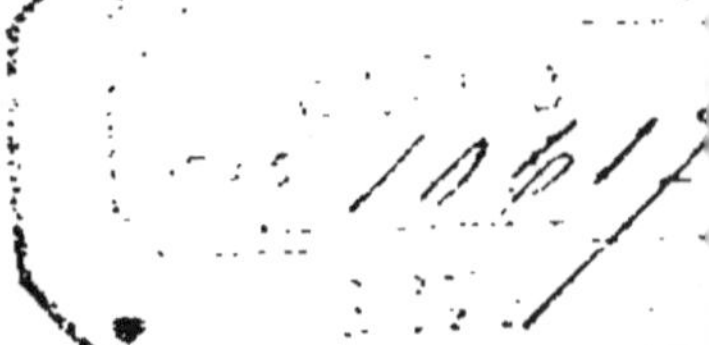

DES CONSEILLERS GÉNÉRAUX

DES CONSEILLERS D'ARRONDISSEMENT

DES CONSEILLERS MUNICIPAUX

Républicains! tous Républicains!

PARIS

GERMER-BAILLIÈRE, 108, boulevard St-Germain

NOMMONS

Des Conseillers généraux, des Conseillers d'arrondissement, des Conseillers municipaux Républicains, tous Républicains.

AUX ÉLECTEURS,

Vous avez déjà voté le 14 octobre, et votre fermeté, votre bon sens ont donné une éclatante victoire à la République. Une chambre républicaine avait été dissoute, on avait ôté la parole à vos représentants; le vote du 14 octobre la leur a rendue. Vous avez renvoyé à Versailles vos députés qu'on avait congédiés. Vous vous êtes conduits en hommes de cœur, en citoyens honnêtes, intelligents et libres; malgré l'incroyable pression qu'une administration sans pudeur s'est efforcée d'exercer sur vos suffrages, vous avez su faire votre devoir; vous avez bien mérité de la France et de la République.

Mais vous savez que, d'après un vieux proverbe, rien n'est fait tant qu'il reste quelque chose à faire. La Chambre est républicaine, c'est bien; elle est souveraine, parce qu'elle vous représente. Personne, lorsqu'elle sera réunie, ne sera assez fou pour résister un seul instant à sa volonté, parce que cette volonté est la vôtre, parce que le peuple de France, peuple des villes et des campagnes, est maître chez lui, parce que le Président de la République, maréchal ou non, n'est que le premier de ses serviteurs, parce que les ministres, préfets ou sous-préfets, fonctionnaires en habits galonnés, fonctionnaires en habits noirs, ne sont que les exécuteurs de la volonté nationale.

Donc la première autorité, c'est la Chambre, parce que la Chambre est l'image et la représentation du pays, Donc il était nécessaire que la Chambre fût républicaine, et vous l'avez compris. Mais à côté d'elle, il existe dans le pays d'autres autorités, d'autres corps électifs que vous connaissez bien : le Sénat, les conseils généraux, les conseils d'arrondissement, les conseils municipaux. Dans toutes ces assemblées, qu'elles siégent à Versailles, qu'elles siégent au chef-lieu de votre département, au chef-lieu de votre arrondissement, ou sous vos yeux mêmes, dans la commune, dans toutes ces assemblées, dis-je, il faut, si vous voulez garder la République, et vous avez dit que vous le vouliez, il faut introduire des républicains, toujours des républicains, ne laisser pénétrer que des républicains.

Or, le 14 octobre, vous avez nommé vos députés : ils sont républicains. Le 4 novembre, vous allez nommer vos conseillers généraux : puis, quelque temps après, vos conseillers d'arrondissement et vos conseillers municipaux : qu'ils soient républicains, tous républicains.

Je ne veux pas rechercher ici pourquoi ces élections des conseils généraux sont si tardives, pourquoi elles se font en novembre quand elles auraient dû se faire en juillet. Là, comme ailleurs, les hommes du 16 mai ont violé les lois au grand détriment de la dignité nationale, des affaires et de la prospérité publique. Vous vous rappelez qu'au mois d'août dernier, la moitié de vos conseillers généraux n'ayant déjà plus de mandat, la session de vos assemblées départementales, au lieu d'être calme et laborieuse, telle que vous l'aviez vue les autres années, ne put donner que le triste spectacle d'une vaine et stérile agitation. Le ministère, qui avait peur de vos suffrages (il avait bien raison d'en avoir peur, vous l'avez montré le 14 octobre, et vous le montrerez encore le 4 novembre), le ministère a convoqué les électeurs pour la nomination des députés un mois après le terme fixé par la Constitution ; il vous convoque pour nommer vos conseillers généraux trois mois après l'époque déterminée par la loi. Vous en avez souffert dans vos intérêts les plus chers ; ce sont là les bienfaits du 16 mai, ce sont autant d'illégalités dont la Chambre demandera compte aux ministres. Cette œuvre est celle de vos représentants, mais ce qui vous appartient à vous-mêmes, ce qui est en vos propres mains, c'est le nouveau vote que vous allez émettre le 4 novembre.

Seulement il importe de vous mettre en garde une fois de plus contre les mensonges des hommes qui vous ont déjà menti si souvent.

Ils vous diront, retenez bien ceci, ce sont les expressions mêmes dont ils vont se servir ; ils vous diront que les élections des conseils généraux ne sont pas des élections politiques, qu'il s'agit simplement d'administration départementale, de routes, de travaux publics, de presbytères, de marchés, d'écoles, toutes questions avec lesquelles la République n'a rien à voir. Électeurs, s'ils vous tiennent ce langage, ne les écoutez pas : ils mentent.

Non, il n'est pas vrai que les conseils généraux, n'aient pas d'attributions politiques; il n'est pas vrai qu'il vous soit indifférent d'avoir des conseillers généraux monarchistes ou républicains; cela n'est pas vrai, vous allez le comprendre.

Et d'abord vous savez qu'à côté de la Chambre que vous nommez, il existe un Sénat que vous ne nommez pas directement. Il existe un Sénat; vous le regrettez peut-être, et peut-être n'ayez-vous pas tort de le regretter, mais enfin il existe, et nous, républicains, hommes d'ordre et de légalité, en cela bien différents de nos adversaires, nous respectons tous les pouvoirs établis par la Constitution.

Ce Sénat, qui le nomme, et quels sont ses pouvoirs?

Qui le nomme? Ce sont, avec d'autres électeurs, les conseillers généraux que vous avez à élire vous-mêmes le 4 novembre.

Quels sont ses pouvoirs, vous les connaissez.

C'est d'abord de rejeter ou de confirmer les lois que font vos représentants dans la Chambre, de s'opposer ou de s'associer à la volonté du peuple exprimée par ses élus.

Mais le Sénat possède une attribution bien plus redoutable et bien plus dangereuse : il peut accorder au Président de la République, l'autorisation de dissoudre la Chambre des députés avant l'expiration légale de son mandat. Il le peut, et la preuve, c'est qu'il vient de le faire. Un Sénat monarchiste a permis de dissoudre, au mois de juin dernier, la Chambre républicaine que vous venez de réélire.

L'histoire même du 16 mai, la lamentable histoire de cette crise douloureuse, de toutes ces destitutions, de toutes ces illégalités, de toutes ces pertes matérielles, de tant d'efforts scandaleux, mais heureusement stériles, pour corrompre le suffrage universel et nous ramener aux hontes de l'empire ou aux abus de la royauté, l'histoire de ces cinq mois d'agitation, de tristesse et de fièvre anxieuse, n'est autre chose que la conséquence du pouvoir excessif que la Constitution confère au Sénat relativement au droit de dissolution. On ne saurait trop le répéter, tout ce mal est l'œuvre d'un Sénat monarchiste. S'il s'était trouvé dans cette assemblée dix républicains de plus, rien de ce que nous avons subi n'était possible. Vous n'auriez pas vu cette guerre implacable faite à tous les républicains, aux citoyens les plus honorables, aux plus inoffensifs, aux plus humbles ; vous n'auriez pas vu révoquer les maires qui avaient votre estime, destituer les instituteurs qui avaient votre confiance ; vous n'auriez pas vu les plus modestes fonctionnaires inquiétés, poursuivis, forcés de choisir entre leur conscience et le pain de leurs enfants.

Dix voix républicaines de plus au Sénat, et le pays aurait continué de vivre libre et paisible, de réparer en paix, par son travail, tout le mal que trois monarchies lui ont fait.

Donc, pour que la République s'affermisse, pour que nos institutions ne puissent plus à chaque instant être remises en question par le caprice d'un homme, que faut-il ? Il suffit d'un Sénat républicain. Ce Sénat se renouvelle par tiers l'année prochaine, en 1878. L'année prochaine, soixante-quinze sénateurs doivent se représenter devant les colléges qui les ont choisis, et ces sénateurs, choisis par le sort, se trouvent en majorité monarchistes. Qui sera chargé de cette réélection, ou plutôt qui sera chargé de remplacer ces monarchistes par des républicains ? Les conseillers généraux que vous allez nommer le 4 novembre.

Si vous nommez des conseillers généraux monarchistes, ils nommeront à leur tour, quand l'heure en sera venue, des sénateurs monarchistes, et la Chambre pourra être une seconde fois dissoute, et la fatale aventure à laquelle vous venez d'assister pourra être une seconde fois tentée. Si vous nommez des conseillers généraux républicains, ils nommeront à leur tour, dans un an, des sénateurs républicains, et la porte sera désormais fermée à toutes ces entreprises, à tous ces conflits si funestes aux intérêts, aux affaires, à la prospérité générale. Avec une Chambre républicaine, un Sénat républicain, un Président de la République capable de comprendre et de faire son devoir, rien ne pourra plus entraver la marche de la France vers le progrès par la République.

Il y a plus : en cas de troubles, de grands dangers, de violences exercées contre les Assemblées, que ces violences viennent du dedans ou du dehors, d'en haut ou d'en bas, du ministère ou de la rue, les conseils généraux ont un autre droit, un autre devoir. Si la Chambre vient à être violemment dispersée ou illégalement dissoute, alors, en vertu d'une loi votée en 1872, les conseils généraux se réunissent de plein droit : « Ils pourvoient d'urgence au maintien de la tranquillité publique et de l'ordre légal; ils nomment enfin deux délégués par département pour constituer une Assemblée nationale provisoire et provisoirement souveraine, à laquelle tout bon citoyen doit obéir et prêter main-forte.

De par cette loi, que l'on appelle loi Tréveneuc, du nom du député qui l'a proposée, les conseils généraux sont les gardiens en dernier ressort de la Constitution républicaine. Chargerez-vous des conseillers généraux monarchistes de monter la garde autour de la République?

Ainsi, les conseils généraux et les conseils d'arrondissement que vous allez élire sont appelés à nommer des sénateurs, et vous savez par expérience tout ce qu'un sénateur peut faire; les conseils généraux que vous allez élire peuvent, dans des circonstances exceptionnellement graves, devenir le pouvoir unique et souverain. Et l'on viendrait vous dire après cela que les élections du conseil général n'ont pas de caractère politique! Soyez-en persuadés, nos adversaires connaissent trop bien, au contraire, la portée du vote qu'ils voudraient vous arracher; si ce vote n'était pas politique, ils n'auraient pas tant reculé les élections, ils n'apporteraient pas tant d'acharnement dans la lutte. Ils savent que le Sénat est leur dernier refuge, et que, si vous le voulez, le Sénat leur échappe; il s'agit pour eux d'être ou de n'être plus; c'est pour cela qu'ils feront tout pour capter vos suffrages.

Défiez-vous donc des candidats qui se disent ouvertement monarchistes, mais défiez-vous aussi, défiez-vous surtout de ceux qui se disent indifférents en politique, de ceux qui s'efforceront de cacher leur haine contre les institutions républicaines, sous l'hypocrite affectation d'un prétendu dévouement à tous les intérêts locaux, d'un zèle exclusif pour les affaires d'administration et de détail. Quiconque n'ose déployer un drapeau porte un masque. quiconque ne se dit pas républicain est monarchiste, car entre la monarchie et la République il n'est pas de milieu; quiconque n'affirmera pas hautement, fièrement ses convictions républicaines doit être repoussé par vos suffrages. Gardez-vous surtout des influences toutes locales, gardez-vous de nommer conseiller général tel personnage de votre canton parce qu'il est riche, parce qu'il habite un château, parce qu'il occupe beaucoup d'ouvriers, parce qu'il est propriétaire, parce qu'il est déjà ministre, sénateur ou député; s'il n'est pas républicain, gardez-vous bien de le nommer, car ce personnage, qui peut être si dangereux, n'est, soyez-en sûrs, nullement nécessaire.

Les républicains ont assez d'hommes, les républicains sont les trois quarts de la nation; ne pouvez-vous pas trouver parmi eux des mandataires assez intelligents, assez éclairés pour gérer les affaires départementales, assez honnêtes pour ne pas vous trahir dans l'exercice de leurs fonctions politiques pour nommer des sénateurs tels que vous les auriez nommés vous-mêmes, c'est-à-dire des sénateurs républicains.

Un dernier mot. Vous allez retrouver le 4 novembre, dirigé contre la liberté de vos suffrages, ce honteux appareil de la candidature officielle qui a si peu réussi le 14 octobre. Vous verrez les mêmes agents pratiquer les mêmes manœuvres, répéter les mêmes calomnies, proférer les mêmes menaces. Cette fois plus que jamais, vous devez en rire.

Savez-vous ce qui s'est passé? La journée du 14 octobre est pour la République une immense victoire; si l'on vous disait le contraire, n'en croyez rien; nous avons une majorité de plus de cent vingt voix dans la Chambre. Votre vote a moralement renversé le ministère actuel; devant la Chambre, il ne pourra tenir un seul instant, et c'est l'étonnement de la France et de l'Europe qu'il n'ait pas déjà disparu. Seulement voici ce que tous les ennemis de la République sont venus dire aux ministres du 16 mai. Ils leur ont dit : Rendez-nous un dernier service. Gardez encore, malgré les affronts que l'on vous fait, gardez jusqu'au 4 novembre ce pouvoir auquel vous n'avez jamais eu droit, et maintenant moins que jamais. Gardez-le; faites les élections des conseils généraux; pendant que la machine officielle est encore montée, tâchez de nous obtenir encore quelques siéges, par la ruse ou par la violence, afin d'atténuer la défaite qui nous attend l'année prochaine aux élections sénatoriales; dernière manœuvre d'un gouvernement qui va disparaître, au grand soulagement de la conscience publique.

Electeurs, vous n'avez pas hésité, vous n'avez pas failli le 14 octobre, alors que les fonctionnaires du 16 mai avaient un pouvoir effectif; vous n'hésiterez pas le 4 novembre en présence d'hommes déjà frappés d'un verdict de condamnation, déjà certains de perdre le pouvoir dont ils ont abusé, déjà inquiets du sort qui les attend, car ils vont bientôt rendre à la justice du pays de terribles comptes.

Vous ne permettrez pas à vos adversaires de dire que le suffrage universel s'est déjugé, s'est donné à lui-même un démenti à vingt jours de distance.

Electeurs, pas de défaillance. Vous avez nommé des députés républicains le 14 octobre; le 4 novembre, nommez des conseillers généraux républicains, et, quand le moment sera venu de choisir vos conseillers d'arrondissement et vos conseillers municipaux, ne nommez encore que des républicains, rien que des républicains.

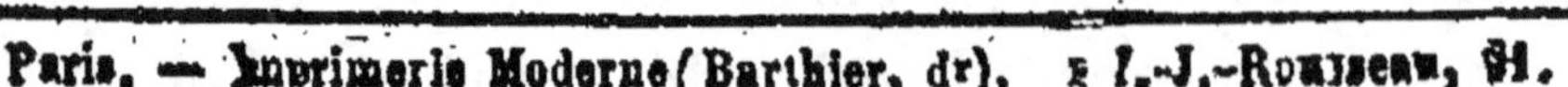
Paris. — Imprimerie Moderne (Barthier, dr), 5 I.-J.-Rousseau, 91.